Mlle
Manhattan

Mlle Manhattan

BIMAN ROY

ARPress
ILLUMINATING IDEAS
EMPOWERING VOICES

ARPress
45 Dan Road Suite 5
Canton MA 02021

Hotline: 1(800) 220-7660
Fax: 1(855) 752-6001

Information de commande:

Ventes en quantité. Des remises spéciales sont disponibles sur les achats en quantité par les entreprises, associations et autres. Pour plus de détails, contactez l'éditeur à l'adresse ci-dessus.

Imprimé aux États-Unis d'Amérique.

ISBN-13: Couverture souple   979-8-89389-231-4
         eBook   979-8-89389-232-1
         Relié   979-8-89389-233-8

Numéro de contrôle de la Bibliothèque du Congrès: 2024906328

TABLE DES MATIÈRES

« Les gloires enfilaient comme des perles sur mes plus petits sites et audiences, sur la promenade dans la rue et le passage sur la rivière, de Crossing Brooklyn Ferry »

Walt Whitman

« Dédié à tous les New-Yorkais »

Géographie de Bliss

Un ancien sentier indien devient *alors Heere Straat*

Breede Wegh sur le visage d'une carte

peevish imitant mal Lisbonne, traverse

maintenant votre corps comme une artère

transportant une myriade de molécules de mémoire

directement dans votre sommeil, et vous

vous réveillez parfois à gorge sèche,

demandant un soulagement ou quelque

chose de similaire, puis fuyez au bar le

plus proche, l'aéroport,

halls d'hôtel sur le plus loin à regarder

pour une géographie de bonheur, ou

l'espoir de rencontrer un tricheur, une

fille de chœur, ou même un gangster à la retraite,

s'il y a quelque chose comme ça, qui

pourrait vous offrir une gorgée

d'alcool bootlegged pour léviter.

Ensuite, vous abandonnez et essayez

de vous cacher dans un cratère étroit.

Seulement ici

Les super-héros sont nés à New York

à cause des gratte-ciel et

des rails surélevés, alors que leur

imagination s'envole

c'est du moins ce que m'ont dit certains

érudits introvertis, la plupart d'entre eux

ayant des parents immigrants

recherchez une

aspiration phosphorescente d'une

hauteur excitante.

Quand je marche à l'ombre d'une rue latérale,

un livreur de pizza passe devant moi

à vélo avec une cape rouge et bleue, et une

jeune femme portant un chemisier

magnolia en fleurs se penche à travers sa

fenêtre du deuxième étage et lit

de *Guerre et Paix* bruyamment à la

foule ci-dessous, pour ramener le

mystère et la magie

à son appartement étouffant de peur.

Un homme marchant devant moi appelle son chien Robin

et attend jusqu'à ce qu'il ait terminé et

l'enveloppe dans du polythène comme la

précieuse Kryptonite, et à Union Square

le nouveau maire promet le monde à

ses citoyens malgré la guerre et

Washington.

Ici, un garçon albanais et une fille parlant

créole se rencontrent pour la première

fois dans le train E de Queens et un jour

où les arbres sur le trottoir se colorent, il

la tient près, lève les yeux vers le ciel et

dit: *Aidez-nous, Superman.*

Et les seins chantants de la fille...

beaucoup plus doux qu'une lyre,

plus d'or que d'or.

Une raison de la langue

Artificiel ou non, l'East Side croyait vraiment que

le West Side volait sa mousseline et son ardeur

importés d'Extrême-Orient

et trompé la ville avec la théâtralité de la politique de Broadway.

Alors que les Parisiens caca-pooed le

arriviste, lecteur artistique des New-Yorkais

lorsque *Guernica* orné mur du MoMA, un

cuirassé américain torpillé le poisson chantant

sur la quatre-vingt-seizième rue

dock to silence *Die Wacht* Am Rhein pour trahison.

Et passer

le poissonnier édenté de La rue Fulton et le maire

sans botte de l'East Village qui possédait une

librairie destinée aux nuls à côté d'un endroit pour

le caoutchouc de fantaisie. Les mots sont destinés à

être façonnés,

sucé, et la langue encore et encore, puis soufflé dans

des bulles de verre de Corning vibrant et

placé avec le plus grand soin entre

déchirer et une larme, mais certains pourraient flotter

vers le haut et descendre

pour s'installer sur l'herbe, le gravier ou les robes

pressantes des ecclésiastiques

pour devenir new-yorkais que vous portez avec

amour à votre amant. Certains pourraient marcher

silencieusement jusqu'à un centre commercial du

centre-ville ou à un bal dans le Queens ou chasser un

pétard jusqu'à Camden pour se promener et méditer

dans la zone de contemplation nommée d'après Walt Whitman.

Tribeca

Blanc de lis suspendus bas à des

nuages timides, rendre les nuits plus mystérieuses-

comme Cavafy et ses chansons sublimes et jeunes.

Être choisi ne signifie rien d'autre qu'une lueur de

détermination - ici, je suis en ligne pour une entrée italienne

à Tribeca avec deux jeunes femmes qui sont

aussi mystérieux que les fleurs de

pommier dans une ferme lointaine sous

l'abondance de feuilles verdoyantes d'un arbre sans nom.

Le festival a tendance à ramener

l'économie du centre-ville, un rêve

de De Niro, et il l'a fait dans la

vente lente de modes, de tissus et

de nourriture -

une plume dans la casquette du cinéma.

Je me retrouve dans l'esprit

du film, la ville plane en

arrière-plan

comme une fille pirouetting dans une

jupe courte et rose, tendre et sans

vergogne, pli par pli.

Le jardin de Frida

Dans le jardin de

Frida, tout est possible:

la lune bleue, la maison bleue avec des portes bleues.

À l'intérieur, des oiseaux de désir échoués,

pigments de figues de barbarie,

et un indigo intense autour du collier d'épines.

À la tombée de la nuit, des brins de lumière lâche

installez-vous sur des branches de

jacaranda lacées avec de la lavande sucrée.

Pas trop loin sous le pont de pierre bas,

la rivière Bronx (ou une mince ombre de celui-ci)

et une infanterie de chênes se

penchant vers la nuit sur les buissons d'azalée.

Une présence ombragée se presse

parfois d'insectes ailés et d'oiseaux bourdonnants morts;

une bénédiction aztèque, les gouttes

d'oreilles de la dame pendent

entre la lumière et la lumière.

Comme je conduis à travers la

chair rose de fruits coupés ouverts

et des fleurs en forme d'utérus mûres

de vie, un homme en lambeaux qui prétend l'être

le maire de l'avenue Fordham me fait signe.

Picasso au parc

Toujours la sauvagerie s'insinue

dans les arbustes. Ces appartements

délimités et énigmatiques donnent sur les rues;

le vent au-dessus de l'Hudson

instille l'espoir d'une vie après la

mort alors que la nuit se rapproche par étapes lourdes.

Il y a une abondance de femmes...

femme assise, femme agenouillée, femme debout,

femme avec un vase, femme avec une feuille,

buste d'une femme, tête d'une femme—

dispersée entre quelques animaux errants—

un chat, un coq, une chèvre, un hibou et

des lunettes d'absinthe, un violon et une guitare,

signes de vie sur terre s'est arrêté avant *Amen*.

Ils partagent des secrets avec

des hochements de

clin d'à l'action et des chuchotements.

Une fois que la lumière s'estompe

et que les pas des conservateurs s'estompent

comme le drone lointain d'un avion de Kennedy,

ils prennent les escaliers; personne

ne parle pendant que l'argument tendu de l'air règne

trois étages en dessous et sur la

cinquante-troisième rue comme

réponses de nuit, *je suis dedans.*

Ils sautent entre des voitures garées,

des lumières clignotantes passées,

esquivant les flics curieux et les New-Yorkais errants

la tête dans les porte-documents,

en groupe et seuls jusqu'à ce qu'ils sentent

l'herbe douce et humide de Central Park,

au-delà des murs suffocants, sous le ciel.

Lorsque la lumière traverse

l'East River et se démêle dans des rues endormies,

ils seront tous dispersés parmi des

ormes majestueux en choisissant leur

bref coin de chagrin et de plaisir.

Croquis sur les marches du métro

je

Les pigeons fouillent autour

des pieds de ciment des statues

d'hommes barbus

qui remplissent les livres d'histoire

pour ajouter du poids ici, et là,

un chien pisse sur un cornouiller,

en pleine floraison.

II

Entre tous ces trains,

sous les avenues

caverneuses, transportant

cette masse alourdi

d'arrondissement en arrondissement...

tant de vide

et tellement

beaucoup côte à côte!

Lorca a dû s'amuser ici!

III

Doux cannabis,

homme sur le banc du parc

drogué par le coucher du soleil.

Cannabis sucré,

homme sur le banc du parc,

le coucher de soleil dopé par l'homme.

Les trains se bousculent et

les journaux soufflés collent à

un mur d'air tendu.

IV

Cette abondance de conduite

agitée de l'aube au crépuscule les

jours de semaine et les week-ends

Pas de pitié dans l'œil rouge de la circulation.

Aucun air ne navigue dans les arbres

Et un sentiment d'essoufflement

Répandant des ailes vers Hudson,

New York, viennent à mes genoux;

Je vais vous apaiser.

Big Town Boys

Des images naissantes de rues
rénovées moins les pensées à moitié
cuites du maire de la journée,
perdu dans les charnières d'un été de Manhattan
mais nous avons maintenu le moral entre midi et la lune.

En dépit de la crise budgétaire et
de la politique partisane,
nous, les rêveurs et les hurleurs, courons la
vie comme un marathon sous l'El sur les
présentateurs de télévision et les microbrasseries
alors que la ville s'enfonçait de
quelques centimètres dans l'Hudson.

Glenn a attendu dans The Grassroots à

St. Mark's Place pour montrer les

photos de Sadhus de Kumbh Mela et

de garçons estropiés mendiant

dans les rues de Bombay.

Au-delà du buzz des bazars,

le monde reste un endroit triste,

dit-il entre bières.

Nous sommes les grands garçons de la ville,

notre certitude ne faiblit jamais,

nos esprits obstinent, nos lits,

défait comme la nuit, approfondi,

et la chair adoucie.

Nous arrachons les étoiles,

avalons les unes après les autres,

jusqu'à ce que nous bannissions

le dernier Socrate de ce monde.

La cage

Ce qui fonctionne pour moi

n'est pas seulement le soleil de

printemps sur le narcisse au bord de la route

ni quelques hommes désespérés

qui s'efforcent d'ouvrir la musique en boîte

de l'autre côté des courts de

West Fourth Street,

mais la rage à l'intérieur de la cage

construite avec du fer forgé

d'esprits indomptables qui

brûlent votre doigt sur la peau lisse du basket-ball

si vous êtes négligent.

Des muscles élégants, en sueur,

du voisinage causant de la turbulence dans l'air

alors qu'ils passent d'un dribble à dunk;

la foule serrant la clôture chaude et

métallique rugit comme ils l'ont fait à Arcadia.

Lorsque des corps sont entrés en

collision sur le béton avec un nez qui saignait,

ils se lèvent renouvelé juste

après et volent comme des flèches

de l'arc vers le haut pour devenir des histoires de réussite.

C'est essentiellement le truc

de New York, un professeur du Queens College

me dit en regardant hors d'un bar à brandy et à cigares.

avec les yeux tamponnés dans le rêve.

Alors que la journée s'assombrit,

les choses s'élèvent,

flottent comme de la fumée de barbecue

et atterrissent sur le plateau de tournage

d'un cinéaste new-yorkais...

prospère à

écouter,

comme un

vieil homme.

19

Rappel

Marcher au nord de

Hudson Street, une pierre

brune au soleil,

orné de vigne.

J'aime imaginer une

femme qui y vit seule

ou avec un shiatsu

de trois ans et blanc

comme neige.

Et je dis,

Ouvrez la grâce de vos yeux.

Tant de choses à voir,

peut être agréable et lourd

à la fois

et devient un rappel

d'une vie vécue

en cas d'absence

sans promesse. et

pas de faux-semblant aussi bien,

jusqu'à ce qu'une nuit,

la brownstone entre dans votre rêve

et décide de rester sur place,

vous rappelant votre

promesse et votre faux-semblant

Que feriez-vous alors?

Accents différents

La musique flotte par la fenêtre -

Le Chickering sur ses jambes en

acajou danse à Chopin en

consonance.

Comme le silence invisible l'entoure.

Le rose succulent du rosier, une femme

fatale; préliminaires de vent sur la poitrine

de l'Hudson

alors que le soleil s'enfonce derrière Jersey City.

Ses parents ont fui la Russie pour

se réfugier ici, tout comme les parents de son portier

a fui le Sud du lynchage

pour dormir sous une

couverture de confiance,

tant que cela durerait,

Les feux d'artifice mettent la lumière et

la chaleur sur l'East River alors même

qu'une brise méchante refroidit la nuit d'Halloween

au-delà des calomnies et des affronts.

Ses mains engourdies parmi les haies

essayer de ressentir les injustices

passées que son peuple a subies et

celles des autres avec

accents différents;

Elle s'assoit debout, face à la nuit...

ayant rencontré des désirs,

réaliser le plan.

Comment le langage prend son en vie

Je n'ai pas encore trouvé le matin le

plus cruel qui refuse de casser sa porte la

plus épaisse de non-assurance de vivre,

tout comme le rocher le plus noir et le plus stupide

à l'avant bloquant la sortie étroite à la lumière a

Andy aime Lisa tatouée

à première vue, comme *Hope*.

Coincé dans le temps,

je voyage au bord de l'étang de la

circulation avec deux états d'esprit

presque parallèles comme Kenneth

Koch qui aimait être influencé et

l'influence, aspirant à Mozart et Monet,

et Shakespeare, pensé de New York,

un simple coup de génie.

C'était encore le milieu des années

quatre-vingt avec de la

musique funky et des coups

de couteau mortels et un profond

désir d'être délivré de la misère

par le gouvernement fédéral.

toujours en train de construire

un pont suspendu de la langue

sur lequel les gens se passent des rires de

signature les uns aux autres.

Seul et seul, dans le même souffle,

tout en profitant des knishes

secrets sur la rue Delancey,

je marche vers le nord-ouest,

brins de musique skitter comme

des cailloux résonnants

contre le refus de l'eau de se rendre,

face à la tyrannie du silence.

Et dans un bar du Lower East Side,

Isaac Bashevis Singer est allé à

la recherche d'un trombone solitaire

pour faire de la langue une réalité.

Zen à Manhattan

S'en approche, c'est

comme prendre quelques

pas en arrière du miroir

et en regardant comment les

mains de la lumière coupent

votre joue enfoncée.

S'en aller signifie ne pas

revenir à ses rives de chair

pourrie

mais tenant son secret dans les

crépuscules insomniaques, dans le

jeu ou le faux-semblant.

Une ombre changeante

d'une balançoire à

Central Park,

une solitude totale du début de

l'adolescence, si manhattan-like.

Hôtel Chelsea

J'ai toujours vécu près

d'une rivière, d'une rivière

différente à chaque fois.

Maintenant, c'est l'Hudson.

Le soleil s'incline à partir de l'est,

l'air percé de flèches de bruants et de

crêtes de lapis-lazuli dérive

lentement vers le rivage.

Pas trop loin d'ici : des

couloirs secrets et des foyers ombrayants

Wolfe-comme l'effroi

appréhendant,

des histoires de meurtres

et de suicides

éclaboussées sur des

murs pleurants.

Un hôtel Chelsea du coeur,

où nous arrivons à nous

débrouiller

le sel de notre viande.

Cela me fait me sentir en

sécurité et utile car

chaque nuit, je rassemble

mes membres souples

près de mes côtes

à chaque coude de rivière et dire,

Dans le

désir, je

viendrai.

Black Out

Toute la soirée, la

chaleur a gardé à la

fois vivant et séparé,

même le grondement

en dessous

s'était calmé.

Plus tôt, un flot de chapeaux et de

jupes arc-en-ciel sur le pont de Brooklyn.

Même une tranche de poutre de bateau

à vapeur n'avait pas brillé sur le

chemin des pigeons voyageurs,

et la géante ne cessait de s'asségence,

après avoir été aspirée de sa lumière de sang.

À minuit,

j'ai ouvert

le réfrigérateur mort,

sorti de son

silence un

morceau de

pastèque,

et nous avons tous les deux

mangé son froid à la lumière des

bougies, et en riant de nos têtes pour

le plaisir ou rien.

Marcher avec Sappho à New York

La facilité avec laquelle les

pigeons s'habituent à Times Square,

comme un chien à un maître

abusif ou un enfant à un frère grincheux.

Les habitudes signifient plus

que de se plier aux balancements du vent ou

d'accepter des luminaires en acier dans les os.

Je marche vers le musée où Pollock noie

des punaises, des mégots de cigarettes avec

des peintures épaisses.

Vous amble sur l'asphalte d'une ville étrange

comme la vôtre, où la querelle d'un amant

dans une langue étrangère

vous fait vous sentir chez vous, et le torse

d'un homme scintille de creuser d'anciens

trésors ou de mettre un corps qui laisserait

un trou dans sa vie ou le rendrait plus

sage, comme une pluie sombre traversant

un pont vers des montagnes vertes.

La vie en ville peut être

difficile, contrairement à la

sciure de bois détrempée des petites villes

ou de la neige boueuse du nord de l'État,

mais vous avez un moyen à ce sujet,

comme pirouetting comme une

danseuse sur la glace enveloppant la lumière autour,

nageant toute la nuit au-dessus de l'Hudson.

Alors que vous marchez sans-abri dans le

froid de Hell's Kitchen, vous entendez à

l'intérieur de vous -

J'avais l'habitude de tisser des couronnes.

Descente diagonale

Il était dans nos esprits

comme une parcelle de

nuage traqueur au sommet

du pont alors que nous

descendions vers Flatbush

et Fulton contre l'artillerie légère.

Nous avons traversé le

vent, froid comme le

regard accusateur

d'un être cher, jusqu'à ce que

le stand falafel et un repas

rapide sur la passe.

La soirée semblait

inclinée, mais le flux

était juste

près de la poubelle ramer sur le

trottoir, clématite serrant le

poteau.

Il s'agissait de Rimbaud à New York,

de Bob Dylan, de Patti Smith et

de nous;

même le masque de

David photographié

dans toute la ville,

dix-neuf soixante-dix-huit-

puis les femmes dansaient nues

jusqu'à l'os, et les hommes

jouaient de la musique

profondément dans la nuit.

Aurores boréales descendant dans le ciel,

un grand cosmos prenait un

tournant. Au moment où nous sommes arrivés à

l'atterrissage,

Eros a secoué

mon esprit

comme un vent

de montagne

tombant sur les

chênes.

Un ciel NYPD bleu

Aujourd'hui, c'est le Gay

Parade Day, empilé sur 364

autres jours importants.

Fifth Avenue a l'air mignon comme un travestis.

Glenn est sorti avec son

numérique - visages peints en vert, corps serrés

comme dans le lien

avec les écoles

secondaires. Mon esprit

est un berceau d'argent

basculé vers le west side.

Les marcheurs marchent à

travers un champ de pétunias.

Je les suis sur le dos d'un âne à

travers les nuages d'abricot

jusqu'au bord de Stonewall.

Aujourd'hui, je peins mon

visage en bleu suicidaire.

Donc, je garde le feston et les

battements de tambour près de

ma peau comme un réveil

car nous ne

sommes pas

encore là pour

célébrer.

Rue Latérale

Tout le chemin de

Bleecker vers l'est, aucun

signe de circulation réelle,

sauf une tenue de corbeau

sur un chaton mort comme rançon,

peut-être pour le maire.

Des arbres lourds de

clous argentés languissent

dans la lente navette

d'un dimanche enneigé.

Comme je raccourcis vers

une rue étroite, l'affiche

d'un candidat

car la course à la mairie me regarde,

une salope pour la justice et plus de pénitenciers

et au-dessus, derrière la

vitre comme la voix d'un

ventriloque,

Le portrait de Georgia O'Keeffe par Stieglitz

les doigts se sont

rassemblés autour du

collier dans la tendresse

alluviale, et

des couches de chrome, de

violet et de magenta ont

déclenché un incendie sur la rue

latérale.

Dans une tanière de gangster

Le vent se déplace entre les

branches , encore une

journée chaude et humide au

centre-ville.

Des hélicoptères sillonnent le couloir bleu du ciel.

Dans les tunnels du

sous-sol menant à

l'East River,

Je me retrouve dans la

tanière d'un gangster avec

le camarade Trotsky

et des rumrunners prêts

à flotter jusqu'à la côte

cubaine.

Le speakeasy en bas et

des gallons d'alcools bootlegged,

où les hommes simplement

enregistrés comme

disparus, restent bien cachés.

Malgré des tirs en fuite,

des meurtres silencieux

dans les rues, des

gangsters affirment avoir

leur code d'éthique :

là où la parole s'arrête, le

silence commence; c'est à

ce moment-là que l'intrigue

s'épaissit.

Rumeur.

Cheveux.

En même temps,

l'homme.

Fin du printemps

Aujourd'hui, tout est

cassé - la mélodie qui s'arrête à la lèvre.

la cloche qui ne sonne pas à sept,

et votre appel téléphonique manqué,

comme une avenue qui a perdu son néon,

Ailleurs, les radeaux poussiéreux

de tenements avec des os

pourris et des chiffons

suspendu au-dessus des hommes

aux pieds enflés et des femmes

aux seins affaissés, des enfants

affamés de nourriture et d'amour.

La façon dont l'autre moitié vit

dans l'ombre oppressante de la limite en béton.

Un parfum fétide d'un rêve

chanté flotte dans l'air-

pas un de vos matins ordinaires

de café torréfié et de bagel.

Dans l'après-midi, la rupture s'adoucit.

Faire la queue à l'air froid à 86

E pour des peintures expressionnistes,

puis des sushis et du saké chaud

dans le village juste au moment où la vie avance.

Le soir vient avec Ozu et

son « Printemps tardif »

ramener une autre couche de perte,

comme aspirer à New York tout e

n vivant à New York.

Dans la

voix de miel,

brises perçantes

humides avec

de la rosée.

Un tatouage à la fois

Peints à l'arrière rouge du bus

touristique, les spectateurs

regardent curieux, enjoués,

comme une question qui demande à être posée.

À l'angle de la Sixième

Avenue et de la Treizième Rue,

une tache de soleil sur le dos d'un pigeon.

Un caniche attend avec son

maître que la lumière change.

Puis avec deux taches sombres

sur son arrière trot loin

que la vie se déplace sur

les mains vides.

Presque midi, l'heure du déjeuner

vient comme un facteur à l'heure.

La ville va au salon de tatouage,

les pigments infusent à

travers des ronds et

des appartements, et le bar shader

se déplace comme un nuage du plus sombre au plus clair.

Puis une pause, soudaine et

silencieuse, comme la cour

instantanément sans moineau,

une suspicion de pluie et

empreintes du passé encré sur

la peau un tatouage à la fois.

Ai-je besoin de cela?

ni ceux-ci,

plus autour

du désir.

En septembre de la même année

À l'atterrissage du traversier...

des manivelles de machines

craquant des moelles de tilleuls

américains remplissent l'air

et à Ground Zero, l'éternel creusement.

Personne ne sait qui

s'occupe du bétail à

Ithaque

ou qui sert du café dans le Starbucks

du centre-ville à ces heures

lorsque le vent est toujours

victime d'un accident vasculaire cérébral.

Le trench-coat détrempé de

septembre plié à la mémoire

des troubadours

est laissé fermé au panneau de

signalisation plié vers l'arrière et une

puanteur s'achette s'étend autour de

la bouche d'incendie.

Entrer dans la nuit

troublée de ce mois de

septembre

sous un ciel sans trafic,

Je remarque sur la chaussée humide

une racine à moitié pourrie qui

s'enfonce dans la moelle de

Manhattan.

La mort, en tout cas

Devinez quelles options on a: soit

d'être tiré juste entre les yeux ou

un étranglement lent jusqu'au coucher du soleil.

Pourtant, les gens pourraient

choisir l'un plutôt que l'autre en

fonction de ce qui cuisine sur

la poêle à fer plat de leur esprit à

ce moment-là, bien que quelqu'un

pourrait dire que ce n'est pas un choix.

Quand Stan White a été abattu

en cette soirée imbibée de champagne

sur la tour supérieure de l'ancien Madison Square Garden

par un millionnaire, (qui a également

volé sa sirène de velours rouge et a pris le train

joyeusement à un asile d'aliénés

à Matawan)

Quels choix leur a-t-on alors

donnés, si ce n'est de régler

le compte de ce côté-ci de la vie ?

Souvent, c'est une meilleure idée,

pourrait-on dire, de déplacer

son esprit dans un espace privé

mais public, comme dans un Vaudeville.

laisser les yeux festoyer et la chair

mijoter que de rôder dans les

rues étroites de Tenderloin.

Ou était-ce parce que la jeune fille voulait

fuir l'ennui de la ressemblance, ou voulait

sortir de l'ombre

d'un arbre trop familier, ou juste a été

balayé par la convoitise luxuriante

de l'autre homme, ou était dans un

état d'esprit déconcerté,

pris en sandwich entre Oui et oui.

Bien sûr, les soirées bruyantes dans les lofts du

centre-ville peuvent déjouer un armistice,

ou un lent glissant d'un spectre de la vie,

ou se tenir occupé dans des minuties insensées,

ou choisir un passe-temps - toutes

les astuces habituelles dans le sac

pour instiller le calme

dans une terre aride et balayée par le vent.

Mais quelqu'un pourrait refuser

d'en choisir, en laissant la lumière

mourir délicatement à l'intérieur de leurs yeux.

Gardez les lumières allumées

Après que tous les lofts du Lower

East Side aient été peints en vert,

et le ciel ambré sous le ballon rouge flottant,

Au *revoir*, dit-elle à son amant,

courbée légèrement à sa taille,

Garboesque, et lui, avec sa moustache

stalinienne, a basculé son chapeau

pointu adieu, dans leur fausse part souvent répétée.

Pourquoi pas nous prenons un taxi en ville ou

peut-être à Apollo où

De Niro mettant en vedette chauffeur de taxi? a-t-elle

demandé. Je n'en suis pas sûr, a-t-il dit,

tout en ayant soif de McSorley ou

de n'importe quel bar irlandais

en ville et affamé d' un steak

ressemblant à la carte du New Jersey.

Il n'était pas heureux, et elle sentait un ventre

vide comme debout devant un Warhol

sans sexe éclaboussé à travers la sérigraphie,

un siège de la nuit. Mais ils se sont

installés sur un trou d'eau dans le quartier

gastronomique avant de piétiner

Times Square sur les cendres de la Réunion.

Beaucoup plus tard, de retour

dans la chambre d'hôtel, dans les

plis des bras de son amant, elle

marmonne, *vous savez que j'ai peur de l'inconnu*

sous le titre O. Henry,

Avant de mourir, il voulait que

les lumières soient allumées pour rentrer chez lui.

Ville irréelle

Sulfur City, son incandescence-

Je suis tombée amoureuse de sa

lueur de surréalisme quand

mes yeux se sont installés du ciel.

J'ai laissé mon mari et mes enfants

loin dans un ranch désolé avec des

journées chaudes et des nuits fraîches -

comme dans les films de John

Wayne.

J'ai rencontré la ville dans

les métros, les musées et les bars,

essayant de cartographier ses contours

et la cadence, poussant de côté les espoirs

et les peurs, écoutant l'épanouissement

et le flux comme deux femmes,

marchant sur leurs secrets, à des siècles d'intervalle.

Alors qu'il était loin, mon mari

sortait d'une vraie voiture et saluait

un vrai chien

ou déposer des enfants dans une

vraie école, je me tenais avec un

arbre sur un trottoir solitaire noyé

dans des feuilles d'or, irréel.

J'ai pensé que nous aurions

dû nous comprendre l'un l'autre

maintenant, ou peut-être pas.

Et tandis que mon mari

regardait une vraie montre, j'ai

regardé par-dessus le pont,

le temps passé et Central Park

à O'Hara appuyé essoufflé sur la porte john

au Five Spot, écoutant « Strange Fruit » dans sa tête.

Tunnel sous la rivière

Toutes les lumières ne sont

pas encore éteintes, mais la

piste de danse est presque vide.

Au centre, un homme, un

grand homme au visage

d'un général de l'armée,

bénigne et cruelle, tournant

lentement et tournant

dans un rituel compulsif, et

accroché à son énorme torse,

une blonde immaculée dans un blanc fluide

avec une couronne de perruches vivantes.

Dehors, une choriste marchant à

travers des artilleries de désir

lancé à son armure de

prudence à son homme

qui attendait dans un

taxicab comme le

poète de Rutherford

regarder de l'intérieur pour esquisser

une beauté. Viendra-t-il la

chercher ce soir ou n'importe quel autre soir

et l'emmener loin,

à Babylone ou à Alexandrie,

à travers le tunnel sous la rivière?

La façon dont les choses sont

La dame en noir est sortie tout

droit d'une trémie, à gauche

pied d'abord, gainé de soie et prudent,

sur la rue latérale lavée par la pluie

qui se déverse dans la Cinquième Avenue.

L'homme dans une veste verte,

chauve comme un cantaloup,

a couru derrière et presque renversé,

s'est équilibré avec un léger sourire,

et a tenu le parapluie, à moitié ouvert.

La dame, furieuse

à l'incompétence de la nuit pour

protéger ses étoiles et vexé à la

partie perdante de Broadway, a demandé un

taxi pour aller loin du piano-bar.

L'homme, élégant comme un vendeur,

craned son cou dans la nuit noire de poix

s'étendit entre East River et l'Hudson,

et réussit à l'emmitouflé vers nulle part.

Une fois qu'elle était partie,

l'homme a sorti un cigare et a

fumé comme si rien ne s'était

vraiment passé - même pas

dans le paysage urbain de Hopper.

magie passée, clubs de comédie, chagrins d'âme et saleté.

Banques violettes

Vous êtes resté sans prétention,

entre Mott et Baxter sur Mulberry Street,

comme un arbre déshabillé à l'automne.

Inclinaison de votre visage,

se réchauffant jusqu'au poids

du matin, m'a rappelé des

rangées d'épiceries vertes

et les salons funéraires.

Au-delà du banc de parc vide,

sur le coin, un homme ou rien,

comme les lettres désespérées de

Kafka sur les lettres à Milena,

et j'ai été frappé.

--Vous êtes fou, me suis-je dit,

« Pourquoi ne pouvez-vous pas ouvrir

comme une trompette ou un parapluie?

À ce moment-là, vous avez

marché vers moi et vous vous êtes

penché comme une échelle.

habilement chuchoté, «

Prenez e aux banques violettes. »

Dimanche, automne, 7 h

Lumière lente sur les tiges de

lys à profil bas, un jaune tigre

ininterrompu,

une fenêtre à moitié fermée à une

journée en plein essor, comme des

bourgeons de musique à moitié ouverts

sous un jet de cachemire usé sur le piano antique

comme les rues secondaires courtisent lentement la circulation.

Dimanche septembre soufflant devant

Central Park, un train de nouvelles

siffle à travers le Grand Central

comme des motes de lumière d'une

autre galaxie, et le musc lourd du sexe

imprègne la cage d'escalier

menant à la lumière du jour et à

ses possibilités déployées et enroulées,

comme des rangées d'appartements

de Trump's Place qui se réchauffent jusqu'à l'aube de l'Hudson

comme des visions de bleu impénétrable

au bord du blanc déterminé me fait me sentir complet,

même si je meurs aujourd'hui.

Coucher de soleil au Seaport Inn

Au marché aux poissons de Fulton,

des monticules de maquereau fraîchement

pêchés battent sur un sol en ciment,

une tentative désespérée de fuir

le matin et son tranchant d'exécution

pour le plaisir culinaire de quelqu'un.

Le soir, je me tourne

la pointe de ma dernière cigarette

vers le soleil comme l'arche d'acier du pont de Brooklyn

brûle bien au-dessus de la rue

Water, marquant la chair de rêve des centres-villes,

rêvant de fuir nulle part.

Nuit d'un New-Yorkais

À la White Horse Tavern,

Je fais face à la lumière réfractée

de la ville à travers l'ambre de Guinness

avec une foule bien tonique

de jeunes corps, bien après Dylan Thomas

a réglé son compte avec le monde.

Son ombre plane toujours

sur son portrait dans l'arrière-salle

comme à l'époque où Mailer

martelait ses convictions viriles,

ou la nuit, Delmore Schwartz récitant des pages

de *Finnegan's Wake.*

Alors que la nuit s'approfondit,

quatre pompiers s'en tirent avec

des bottes en frêle, des casques fumés.

Un feu soudain de défi roule

sur la sciure de bois. Les serveuses

dansent avec les pompiers sur des

tables, les étrangers s'embrassent et pleurent...

Nous sommes new-yorkais.

Nous refusons de nous rendre.

La façon dont les choses devraient être

Quand je passe devant Wall Street,

les trous béants ne me dérangent plus.

Près de deux ans se sont écoulés.

J'ai appris à vivre avec des lacunes

et des espaces vides, comme

des cicatrices non réclamées d'atrocités ressenties,

lentement, les poutres pliées et

les parements carbonisés sont cachés,

laissant un point de respiration pour

les pissenlits s'élever comme un bord de soleil,

et les hommes qui ont construit

des tours plantent des tulipes

hollandaises avec des mains inébranlables

et des yeux séchés par le vent

où les enfants volent des

cerfs-volants, et une femme de

Jersey recueille des fonds pour un

groupe orphelin, et le vieux rabbin

craque des blagues avec son voisin

musulman noir sur la permanence des pierres,

et les trains se bousculent, fissurant la coquille de l'aube.

Près de deux ans se sont écoulés.

Les lacunes ont commencé à se refermer,

et des graines de grenade de sang figé sont

encore éparpillées dans la rue comme souvenirs tristes.

Manhattan Mon Amour

La maison près du parc Gramercy

enveloppée dans la soie chinoise

du crépuscule d'automne

refroidit et rentre à l'intérieur.

En sirotant des Darjeeling

chauds pour bébé et en feuilletant

un catalogue Macy's,

vous parlez de ménarche, de solitude,

impôts, polygamie, de Kooning

et Castro. Je pense à l'époque où

la proximité de vous était une

brûlure auto-infligée.

Vous avez d'abord changé de côté de la

fenêtre à la porte, puis du

côté est au côté ouest

et j'ai suivi.

Vous avez cessé d'aimer les

perruches et avez pris aux chats.

Nous avons vieilli de jour

en jour et sombre la nuit.

Maintenant, un mètre carré

d'espace parfumé sépare nos nuits

et le vieil homme d'à côté tousse

toujours au moment mûr.

C'est quand vous dites, *à*

New York, chaque femme est un miroir

plier la passion dans la mode.

Art du tir à l'arc, peur de l'imprégnation

Parfois, elle aime diriger comme

la fierté de l'eau qui se déplace rapidement

piquer le bétail et chanter des tiges de maïs.

Sur le champ aride, le désir

se tient nu comme un orphelin,

impuissant, les yeux larmoyants.

Pourquoi ne puis-je pas peler la peau

et percer l'entrailles de New York?

demande le garçon avec des yeux impitoyables

alors qu'il aiguise la pointe d'une

flèche sur de l'asphalte nu cachant

les éclats d'une fausse romance.

À Central Park, les titans luttent,

et leur sueur coule comme une rivière d'illusion paresseuse,

peignant le ciel en néon rose sur des armureries vides,

perruches blessées, et lustres voyants.

Tout ce qu'il veut, c'est l'angle de Tribeca,

la steppe du Bronx et les pentes du Queens.

comme des bosquets parfumés

de miséricorde moins la richesse détournée dans

les secrets de l'endormissement.

La fille arpente dans des pas mesurés

et réaffirme son territoire comme

une lionne en cage choisit de ne pas c

hoisir l'eau sur sa grotte et demande,

Est-ce que j'aspire encore à ma virginité?

Non Finito

Dans les peintures, j'aimerais

voir le vent souffler à travers

les chênes sur la colline et

une femme au rassemblement du ruisseau

ruines de son enfance,

parfumée de beauté, mais je ne

suis ni peintre ni commissaire d'exposition

aux prises avec la solidité tentante de l'irréel.

Alors, quand j'ai regardé, assis

derrière la vitre d'un café dans la Petite Italie,

à la vue d'une jeune fille,

passant à toute vitesse sur

ses patins à roulettes, *je*

vois le vent souffler.

Vinnie, le propriétaire, sourit

sagement - vous n'allez pas à

Rome pour conquérir;

vous chérissez juste sa splendeur

et revenir un peu plus riche à l'intérieur.

Tant de choses laissées en suspens

par choix ou par hasard - un dîner

manqué au centre-ville,

une réunion dans le Bronx, des

funérailles hâtives à Brooklyn,

ou un aperçu de l'amour passé

dans une salle de cinéma ,

ne jamais s'additionner à un tout.

Plus tard au Met, en regardant des rangées

de peintures de maîtres anciens et modernes

avec des toiles rayées, des traits vides à

gauche, paresseux sur le vert, sous la

peinture. Des dribbles de couleurs sur

des bouquets luxuriants comme des

traînées de pensées laissées visibles.

O *Non finito que je désire et cherche.*

À la recherche de mercyor La situation de November telle qu'elle se déroule

Au-delà du rebord sous une lune qui ne se lève

pas encore, pas trop loin des vues et des sons de

Brooklyn et des problèmes majestueux juste

pour y arriver dans un tramway nommé « Bridge

Only », assis serré et seul comme une fourche

coincée dans la vigne,

Je regarde les avenues aux yeux

écarquillés et aux lèvres fermées en bas.

Joneses sont allés à Jones Beach et les Tylers

à leur joli bungalow du nord de

l'État avant que les pattes de l'hiver ne rôdent

sur la terre. Mes flancs sont vides et calmes. Ma seule lumière

brille à l'Hudson comme un Schopenhauer

solitaire regardant le chat intemporel

76

sur la cour arrière de son voisin.

toutes les guerres sont terminées,

et des piles d'armes silencieuses déportées ailleurs.

Ma femme de vingt-quatre ans aide

un Hippolyte à se relever d'une chute

sur le trottoir d'une ville lointaine, toujours

Mme Mercy s'est penchée; visage éclairé

dans une marche tendre côte à côte

à un bar bondé, portant la charge

d'années éclatées et de cendres indousurées

et brûlantes, où elle pourrait rencontrer

un autre gould garrulous buvant des boissons -

je préfère le gin mais la bière fera l'affaire -

puis parler aux mouettes; et je passe ce

silence éloquent d'une soirée sans visage

lovesick et fatigué en même temps,

comme un danseur de tango démêlé dans la salle verte.

J'entends la foule se rassembler en un et deux pour

sauver un homme haut, habillé pour

l'automne, maintenant prêt à sauter hors de son

monde, la foule vaguement persuasive passive

ou passionné ou tout simplement curieux -

difficile à dire de ma position.

Puis l'homme tombe et tombe, haletant et dégrafant O'Hara:

Il y a trop de chaux dans le monde et pas assez de gin.

Encore une fois

La recherche de poésie

dans la ville peut être

agréablement dangereuse,

mais pas comme à la recherche d'un

bronze antique dans le Bronx dans

les nuits profondes des années quatre-vingt.

Mais vous ne pouvez pas simplement arrêter de regarder...

comme si j'ignorais l'eau en nageant avec

des requins - alors, j'ai trouvé des salles de

classe avec des murs peints en rose,

des salles vides de bâtiments condamnés,

des scènes construites à la hâte faisant face

à des avenues boisées, des balcons ombragés avec des

tabourets charpentés,

jusqu'à ce que je me suis arrêté à l'

extrémité de East Fourth Street,

monté une volée d'escaliers qui se

terminait dans une pièce sombre avec

des bouteilles alignées contre le mur

et les souvenirs de l'ancien régime communiste...

un drapeau portant un marteau et

une faucille et un portrait de Lénine.

On m'a dit que j'étais au KGB — Kraine Gallery Bar.

Se préparer pour une lecture de poésie:

une agréable surprise ou un introspection punitive?

Personne n'en était sûr.

Mais il y avait

un silence déchirant —

Ici (encore une fois),

muses

laissant l'or.

Qui a peur de Marianne Moore

Pour Dylan

En attente dans le

stade Shea, pour le

jeu de commencer,

l'endroit pour être dans le milieu des années quatre-vingt.

Claque froide du vent et

broderie d'une pluie gauzy sur

le vert délavé des arbres d'automne

devenant bleu et orange que le soir s'infilte.

Avec Gooden sur le monticule

et Strawberry hurlant,

Nous possédons la ville!

En tant que chars de

streaming à Olympie au

service de Zeus,

des athlètes nus faisant une

embardée dans les airs, des

veines lancinantes attendant

d'imploser.

Lorsque les bases

sont chargées au

sommet de la

manche, un silence

éloquent court

dans les veines.

Puis craquant la glace de

la patience, un essaim de

troglodyte de couronnes

se soulevant avec des

volets tonitruants

alors que les visages de la galerie

fondent et se reconstituent

comme une foule de nuages.

Comme la fin du jeu, les

pieds criants passent à

travers les tourniquets datés

dans une nuit de patience fraternelle.

Qui a peur de Marianne

Moore? Ensuite, ils rentrent

chez eux et parlent à leurs enfants.

Vous vous souviendrez,

car nous,

dans notre

jeunesse,

avons fait ces

choses.

Ouais, beaucoup et de belles choses.

Rue Barrow de l'esprit

Pas de livres, pas de sourcils battants, pas

d'aube apocalyptique - seulement

l'engourdissement d'un peuplier qui

s'écoulait dans une tempête de neige,

des pavés sans entraves de Water Street, où

un cri est un silence inversé en attendant le navire

pour arriver avec l'amant aux cheveux

d'or de loin - un aztèque, un scandinave

ou un Britannique. Pourquoi s'en soucie-t-on

du tout lorsque les rails latéraux sont

gelés sur le pont de Brooklyn et qu'un

désespoir arctique diminue le ciel tard

sous la lumière du gaz, alors que des poètes

masqués jouent et disent à chaque

mouvement, *Eliot est mort, vive Eliot?*

Aube et crépuscule à soixante et onzième rue

Comme un

enfant versant du

sable sur le sable

les énormes piliers de

béton ci-dessous essaient

de filtrer le jour hurlant des

nuits impossibles.

Les présidents, les escrocs,

l'homme édenté d'un refuge du

centre-ville...

tous ont visité le sanctuaire

et ont touché l'éblouissement à mains

nues.

Mais ici, la responsabilité s'arrête.

Sous la propagation de cette catalpa,

les colombes des rochers célèbrent pâques sur le côté est,

et ce qui reste devient le fourrage

pour la machine à remonter le temps.

Requête du spectateur

New York est dans sa ménopause maintenant,

quelqu'un a dit dans le train N à

quelqu'un tandis que la fille assise

à côté de moi comme Bouddha a

arraché ses sourcils propres

comme un terrain de balle,

alors que je m'apprêtais à sortir de la gare.

Je l'ai vu l'autre jour

près de la bibliothèque

publique.

où un peu de jazz, aromatisé à la

soupe d'agneau, flottait au-dessus du

buisson de gardenia face aux lions et

à quelques pigeons, têtus comme des mules,

picorer les lettres sur les pages de *Post*

Il attend toujours sur le trottoir,

ici, à l'angle de Bleecker et

Broadway, garde le papier sur le banc en bois

comme pour un ami, et fume des

cigares Maduro comme un samouraï

dans le jardin royal.

Je sais exactement ce qu'il va faire

maintenant. Il va regarder sa montre,

plier le papier, sortir un mouchoir, se moucher,

puis amble à la porte des gars et

des filles et s'en aller avec la même femme.

Mlle Manhattan

Comme elle s'allonge avec
désinvolture sur son lit dans le parc,
ombragée par des lilas en fleurs,
quelques pigeons nichés dans ses
plis, catnapping.

Son visage grec reposant à moitié
sur des mains agiles, contenues et satisfaites
d'une solitude reposée.

Pendant des années, j'ai essayé de me
détourner de son regard,
pourtant, elle est partout...
au sommet de monuments à
l'embouchure des ponts, gardant les musées,

flanquant les verdures

d'un passé désuet —

et la grandeur de son corps

adoucit le ciel presque à un murmure.

Tout ce dont je me souviens,

c'est qu'elle a laissé tomber des

vêtements et laissé sortir le papillon.

mais personne ne l'a vue verser

des larmes par la suite, ni les

soixante-cinq ans de silence de l'asile

qu'elle roulait seule comme une pure

goutte d'eau transportée à la mer sur

une feuille de lotus - seulement la

diseuse de bonne aventure gitane

chuchotant à ses jeunes oreilles un avenir

tordu et le vent s'ensernuant sur

le fleuve Saint-Laurent.

Tout ce qu'elle voulait, peut-être:

l'assurance de l'amour, quelques réconforts terrestres

et les voix menaçantes des ténèbres disparaissent

en échange de l'écriture d'une

ode à la beauté avec son corps pour une ville privilégiée:

Parmi les femmes

mortelles, sachez ceci:

de tous les soins, vous pourriez me libérer.

À la dérive

En marchant près, ce que

vous avez chuchoté s'est

dispersé dans le vent de

papier

planant sur des taches humides

sur votre dessus de soie de

tamarin comme un limier

assoiffé.

Ici, sur la rue McDougal, la

rencontre des esprits sur les

droits des femmes

et la poésie socialiste chaud

hors de la presse sous un ciel

chargé de silex.

Est-ce vraiment important ce

que vous méditez et ce que

vous dites ou ressentez

en caressant les seins dans l'air enfumé,

essoufflé pour attraper le déversement

du flottement de l'emballage en

cellophane beurré le long de

vos chevilles passionnées?

Peut-être ou peut-être pas.

Ensuite, vous marchez le long du

précipice de l'été et vous êtes parti

comme un soleil capricieux.

comme je dérive vers vous comme

la mite proverbiale, et vous crachez

du feu pour me sauver de moi-même.

Hauteurs latérales du matin

Confus, il met son pied droit d'abord dans la

neige fondante de la glace qui se dissolve

rapidement pour s'accrocher à la poignée de

porte de sa Chevrolet argentée alors qu'il

sent une traînée opposée sous son pied

gauche, qui force son haut du torse à se

cambrer vers l'avant, bouleversant son

équilibre: *je vais tomber à plat sur mon*

visage.

Malgré un rapide jab de peur, il voit toujours le

ciel se dégager au nord-ouest du grand ciel

hugger, mais en quelque sorte se stabilise à un

Dieu merci, maudissant dur à la place à un

passant taxi pulvérisant de l'eau glacée et

sale sur le tweed beige que son ex-petite

amie lui a donné à Noël dernier.

Une fois à l'intérieur de la voiture, il se sent

stupide comme son ami moldave qui pensait que

Geena Davis avait quelque chose à voir avec

Gin, puis il pense qu'il s'agit de faire

les bonnes connexions de toutes les manières imaginées,

à la terre humide et demander son soutien maternel

et pour une raison étrange, André Breton lui vint à l'esprit:

La poésie est faite au lit comme l'amour

Sur la route de San Romano

Chemin du retour à l'embouchure de la rivière.

Comme on se sent solitaire en marchant

le long du bord de la rivière

sur une route en filet coincée entre

le rocher du bourreau et un quai désolé

avec le soleil descendant et l'eau

encore comme un corps de plus en

plus froid sur une nuit sans lune.

La ville semble être loin avec

son faible sens du néon,

son murmure lointain comme

un terrain de jeu rempli d'enfants,

et ses barres de bourdonnement sur

le côté ouest avec des brigades verticales

de bouteilles fabriquées et les yeux grands

fermés.

Lorsque l'on marche et que l'on

marche dans des pas passifs, les

fenêtres clignotent comme des yeux la nuit.

Les étoiles reposent en paix sous l'eau.

Le soir fond comme du beurre dans une casserole.

Quelqu'un se souviendra de nous, je dis,

même à une autre époque.

Un trajet en ferry

Sur la poitrine brillante de l'eau

ondulante, une ombre, verte et cassée

l'emblématique Mère des Exilés.

Le bateau se déplace dans son passage.

nous nous appuyons sur les sièges

dans un air tendu et nous nous

accrochons au bord de nos vestes.

Il doit y avoir une île Ellis

dans le ciel, *vous* dites *Oui,*

Je hoche la clin d'avis,

s'il y a des réfugiés de coeur.

Vous souriez, la lavande parfumée.

Dans les jardins d'oliviers au-delà

des rivages outremer de Lesbos

les immigrants deviennent des migrants,

et leur désespoir coule dans les

rues comme le sang coule dans les sables.

Comment les mots changent de

sens lorsque vous choisissez d'être

silencieux, connu devient inconnu.

Pourtant, nous savons que le deuil

n'est pas seulement un treuil et

une nuit groggy et méchante

peut faire moins mal qu'un jour d'

éclats d'obus. Alors que les

migrants attendent près de la

porte, leur colère se propage dans la poitrine

pour se prémunir contre

une langue aboyant vainement.

Maintenant, la boucle est bouclée.

En marchant sur la West Side

Highway, vous dites, comme vous

coupez rosebushes plus dur, ils fleurissent plus.

Nous remercions les éditeurs des publications suivantes où des poèmes ou des versions de ces poèmes ont été publiés pour la première fois. Croquis sur les marches du métro : Le Journal du Cercle Complet (en ligne) 2003, Coucher de soleil à l'auberge Seaport : Brûlis contrôlé, printemps 2009, Black Out : Brûlis contrôlé, printemssps 2009, Nuit d'un New-Yorkais : L'Alembic, 2009, Question du spectateur : L'Alembic, 2009, Rue Secondaire : Journal de Poésie Iodine, été 2009, au Festival du Film de Tribeca : Journal de Poésie Iodine, été 2009, Pouls : Harpur Palate, printemps 2009, Cité Irréelle : Revue Common Ground 2016, Soulagement Enfin : Revue Common Ground 2016, Un Ciel NYPD Blue : Pennsylvania English 2016, La Façon Dont Les Choses Sont : The Round 2016, Qui a Peur de Marianne Moore : Journal des Poètes du New Jersey 2017, Une Balade en Ferry sur la Circle Line : Ce Septembre : Ici Seulement : Critique East Jasmine 2018.

Je remercie chaleureusement et tout particulièrement Mme Ann Carson, dont les traductions éclairantes de Fragments of Sappho ont été une source d'inspiration dans la composition des poèmes suivants :

Seulement ici, La Cage, Rappel, Différents accents, Hôtel Chelsea du coeur, Marcher avec Sappho à New York, Descente diagonale, Dans l'antre d'un gangster, Fin du printemps, Un tatouage à la fois, Nonfinito, Encore une fois, Qui a peur de Marianne Moore, Mlle Manhattan, Retour à l'embouchure de la rivière, et Art du tir à l'arc, peur de l'imprégnation.